T0210094

essentials

essentials liefern aktuelles Wissen in konzentrierter Form. Die Essenz dessen, worauf es als „State-of-the-Art" in der gegenwärtigen Fachdiskussion oder in der Praxis ankommt. *essentials* informieren schnell, unkompliziert und verständlich

- als Einführung in ein aktuelles Thema aus Ihrem Fachgebiet
- als Einstieg in ein für Sie noch unbekanntes Themenfeld
- als Einblick, um zum Thema mitreden zu können

Die Bücher in elektronischer und gedruckter Form bringen das Expertenwissen von Springer-Fachautoren kompakt zur Darstellung. Sie sind besonders für die Nutzung als eBook auf Tablet-PCs, eBook-Readern und Smartphones geeignet. *essentials:* Wissensbausteine aus den Wirtschafts-, Sozial- und Geisteswissenschaften, aus Technik und Naturwissenschaften sowie aus Medizin, Psychologie und Gesundheitsberufen. Von renommierten Autoren aller Springer-Verlagsmarken.

Weitere Bände in der Reihe http://www.springer.com/series/13088

Josef Gochermann

Technologie-
management

Technologien erkennen, bewerten
und erfolgreich einsetzen

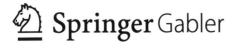
Springer Gabler

Josef Gochermann
Hochschule Osnabrück
Osnabrück, Deutschland

ISSN 2197-6708   ISSN 2197-6716   (electronic)
essentials
ISBN 978-3-658-28798-6   ISBN 978-3-658-28799-3   (eBook)
https://doi.org/10.1007/978-3-658-28799-3

Die Deutsche Nationalbibliothek verzeichnet diese Publikation in der Deutschen Nationalbiblio-
grafie; detaillierte bibliografische Daten sind im Internet über http://dnb.d-nb.de abrufbar.

Springer Gabler ist ein Imprint der eingetragenen Gesellschaft Springer Fachmedien Wiesbaden
GmbH und ist ein Teil von Springer Nature.
Die Anschrift der Gesellschaft ist: Abraham-Lincoln-Str. 46, 65189 Wiesbaden, Germany

Was Sie in diesem *essential* finden können

- Das wesentliche Basiswissen zum Technologiemanagement.
- Methoden und Instrumente zur Bewertung von Technologien.
- Hilfestellungen zur Identifikation von Konkurrenztechnologien.
- Strategische Ansätze zum Einsatz von Technologien.
- Hinweise zur Integration des Technologiemanagements im Unternehmensalltag.
- Antworten auf 10 relevante Fragen zum Technologiemanagement.

Vorwort

Viele unserer heutigen Produkte und Dienstleistungen sind ohne den Einsatz anspruchsvoller Technologien nicht denkbar. Die Eigenschaften von Produkten basieren auf Technologien, wie etwa im Maschinen- und Anlagenbau, beim Automobil oder beim Smartphone. Oder die Prozesse zur Herstellung der Produkte erfordern technologische Lösungen, wie etwa in der Lebensmittelindustrie oder der chemischen Industrie. Und viele Dienstleistungen ließen sich ohne den Einsatz von Computer- und Informationstechnologien gar nicht erbringen.

Die Auswahl der passenden Technologien und der richtige und Nutzen bringende Einsatz sind daher wichtige Komponenten für den Markterfolg. Die benötigten Technologien zum richtigen Zeitpunkt zur Verfügung zu stellen, ist ein Hauptanliegen des Technologiemanagements. Darüber hinaus muss rechtzeitig erkannt werden, wann die Leistungsfähigkeit einer Technologie erschöpft und neue Technologien ihr gefährlich werden können.

Dieses Kompendium über die wesentlichen Elemente des Technologiemanagements gibt Ihnen in den folgenden Abschnitten Antworten auf zehn wesentliche Fragen, wie Sie ihre Technologien richtig bewerten, Chancen und Risiken rechtzeitig erkennen und sich technologisch erfolgreich aufstellen können. Es basiert auf den Inhalten einer Grundlagenvorlesung zum Technologiemanagement und erlaubt einen ersten Einstieg in die Thematik. Es richtet sich an alle, die sich mit dem Einsatz und dem Nutzen von Technologien beschäftigen wollen, sei es in der Entwicklung, im Produktmanagement, in der Beratung, in Vertrieb und Marketing, zur Strategieentwicklung oder in der Unternehmensführung. Darüber hinaus kann es Studierenden verschiedener Fachrichtungen eine Grundlage zum Umgang mit Technologien bieten.

Josef Gochermann

Inhaltsverzeichnis

Kann man Technologien „managen"? 1

Technologien sind nicht gleich Technik. Im ursprünglichen griechischen Sinne bedeutet *Technologie* „das Verfahren bzw. die Kunst der gewerblichen Herstellung von Gegenständen". Technologie ist also keine Hardware, sondern das Wissen darüber wie man etwas macht – das *Know-how*. Technik ist die Umsetzung von Technologien in anwendbare Hardware oder Software.

Wie und wann man Technologien entwickelt, nutzt oder einsetzt, ist durchaus bewertbar und planbar. Zumeist sind die verwendeten Technologien die Grundlage für das Leistungsspektrum einer Organisation, also für Produkte oder Dienstleistungen. Wie gut und wie erfolgreich man damit ist, lässt sich analysieren, bewerten, planen und durchführen und unterliegt damit einem strukturierten Managementprozess.

Verpasste Technologien

Was passiert, wenn man seine technologische Kompetenz (das Know-how = Technologie) falsch einsetzt oder Entwicklungen verpasst, zeigen zahlreiche Beispiele auch renommierter und bis dato erfolgreicher Unternehmen.

So hat **IBM** in den 80er Jahren des vergangenen Jahrhunderts die Entwicklung der dezentralen Computertechnologie als Grundlage des Personal Computers (PC) komplett falsch eingeschätzt. IBM war das nach Umsatz größte Unternehmen der USA und das weltweit führende Unternehmen im Markt für Computer-Hardware. Allerdings war der Computermarkt überschaubar, es gab eine limitierte Kundengruppe, die sich die damaligen Großrechner leisten konnte, große Unternehmen, Behörden, Universitäten. IBM schrieb Anfang der 90er Jahre milliardenschwere Verluste und musste über 200.000 Mitarbeiter entlassen.

Auch **Nokia** hat offensichtlich einen Technologieeinsatz verpasst. Als weltweit führender Hersteller von Mobiltelefonen hat Nokia bereits vor Jahren

© Springer Fachmedien Wiesbaden GmbH, ein Teil von Springer Nature 2020
J. Gochermann, *Technologiemanagement,* essentials,
https://doi.org/10.1007/978-3-658-28799-3_1

zahlreiche auch in heutigen Smartphones eingesetzte Technologien beherrscht und technologisch angeführt: Emails auf dem Mobiltelefon bearbeiten, Internetzugang, Kalender- und Datenverwaltung u. v. m. Allein den Technologieeinsatz des Touchscreens und das bedienungsfreundliche Tippen und Wischen, haben die Finnen wohl falsch eingeschätzt. Heute gehört die ehemalige Mobilfunksparte von Nokia zum Microsoft-Konzern.

Auch vielen kleine und mittlere Unternehmen (KMU) haben Technologieentwicklungen nicht erkannt oder Technologiechancen verpasst. Während Konzerne wie IBM und Nokia oft über genügend Finanzreserven verfügen um einen derartigen Rückschlag aufzufangen, sind viele KMU als Folge eines Technologiewechsels vom Markt verschwunden.

Bedeutung des Technologiemanagements

Ein Grundanliegen des Technologiemanagements ist es, tiefgreifende, risikobehaftete technologische Produkt- und Verfahrensinnovationen so rechtzeitig und weitgehend unabhängig vom aktuellen Erfolgsniveau des Unternehmens zu erkennen und umzusetzen, dass ein Unternehmen möglichst nie infolge verpasster technologischer Innovationschancen in seiner Existenz gefährdet wird.[1]

Über diesen Extremfall hinaus hat das Technologiemanagement weitreichende Funktionen im Innovationsalltag eines Unternehmens oder einer Organisation:

> **Technologiemanagement** hat die Aufgabe für *künftige Leistungen* die *benötigten Technologien* zum *richtigen Zeitpunkt* und zu *angemessenen Kosten* verfügbar zu machen.

Dabei sind

benötigte Technologien =	die dem Produkt oder der Leistung einen vom Kunden akzeptierten Nutzen verschafft,
richtiger Zeitpunkt =	zu dem der Kunde die Produkt- oder Leistungseigenschaft verlangt,
angemessene Kosten =	gleicher oder geringerer Aufwand zum Erreichen der Eigenschaften als die Mitbewerber.

---

[1]Vgl. Gerpott (2005, S. 6).

Die Auswahl der benötigten Technologien setzt die Kenntnis der zukünftigen Entwicklungen voraus. Technologiemanagement ist daher zumeist auf die Zukunft gerichtet und immer mit erheblichen Risiken verbunden, die mit klassischen Planungswerkzeugen nur selten im Voraus erfasst werden können.

Es gibt alte Technologien, deren Leistungsfähigkeit nachlässt, und neu entwickelte Technologien, die andere ablösen. Die Leistungsfähigkeit einer Technologie, ihr Einsatzbereich und der von ihr generierte Nutzen verändern sich im Laufe der Zeit – Technologien durchlaufen einen **Technologielebenszyklus.**

Charakterisierung von Technologien in Lebensabschnitten

Der Technologielebenszyklus lässt sich in vier Phasen untergliedern: Einführung, Penetration, Reife und Degeneration (siehe Abb. 2.1). Im Allgemeinen wird dabei die Verbreitung der Technologie, also ihr Nutzen bringender Einsatz, über der Zeit aufgetragen.

Die vier Technologiezustände sind dabei wie folgt charakterisiert:

Schrittmachertechnologien	sind nur mit großem Aufwand zu erschließen, oft noch im Entwicklungszustand und nur von Spezialisten einsetzbar; ihre Verbreitung ist noch sehr gering.
Schlüsseltechnologien	sind entwickelt aber noch nicht allgemein verfügbar und erfordern gute Kenntnisse um sie zu erschließen. Ermöglichen demjenigen, der sie beherrscht und nutzbar macht eine Differenzierung vom Wettbewerb.

© Springer Fachmedien Wiesbaden GmbH, ein Teil von Springer Nature 2020
J. Gochermann, *Technologiemanagement,* essentials,
https://doi.org/10.1007/978-3-658-28799-3_2

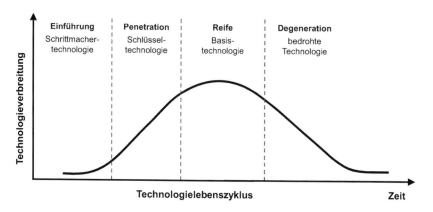

Abb. 2.1 Die vier Phasen im Technologielebenszyklus

Basistechnologien   sind etabliert und stellen die Grundlage für heu-
                                    tige Produkte und Dienstleistungen dar. Sie wer-
                                    den von Vielen beherrscht und bieten daher kaum
                                    Differenzierungsmöglichkeiten.
Bedrohte Technologien   befinden sich in der Degeneration und gehen dem
                                    Ende ihrer Leistungsfähigkeit entgegen; werden
                                    von anderen Technologien substituiert.

Will man sich über die Technologie von den Wettbewerbern differenzieren, so
sollte man

- eine Technologie auswählen, die nur von sehr Wenigen beherrscht wird,
- führend oder zumindest sehr gut in der Beherrschung dieser Technologie sein,
  und
- möglichst mehre Technologien miteinander verknüpfen um die Komplexität
  zu erhöhen und das Kopieren zu erschweren.

Die Technologielebensphasen sind oft gekoppelt mit den Lebenszyklusphasen der
Produkte, in denen sie eingesetzt werden. Ein Produkt, welches auf einer Schritt-
machertechnologie basiert, ist noch nicht im Markt verbreitet. Es steht mit der
neuen Technologie noch am Anfang des Produktlebenszyklus und der mit ihm
erzielte Umsatz ist gering. Produkte mit Schlüsseltechnologien werden hingegen
mehr und mehr angeboten und nachgefragt, typisch für die Wachstumsphase im

Produktlebenszyklus. Hat sich das Produkt im Markt behauptet und ist weit verbreitet, so ist oft auch die Technologie ausgereift und wird von Vielen eingesetzt. Der Markterfolg hängt nicht mehr von der Beherrschbarkeit der Technologie ab, sondern viel mehr von der Marktpositionierung. Eine bedrohte Technologie bedeutet auch Gefahr für die auf ihr basierenden Produkte und Dienstleistungen. Sobald Alternativen am Markt auftauchen, können Kunden unvermittelt wechseln (vgl. Kap. 3).

Welche Bedeutung hat die Technologie-S-Kurve?

Neue Technologien lösen alte ab (vgl. Beispiele IBM und Nokia in Kap. 1) und dies oftmals während die bisherigen Technologien noch erfolgreich im Markt eingesetzt werden. Die neue Technologie „überholt" die bisherige. Dieser Überholvorgang lässt sich mit der sogenannten **S-Kurve** verdeutlichen (vgl. Abb. 3.1).

Das S-Kurven-Konzept ist eine empirische Erkenntnis, die nicht aus einer Theorie heraus entwickelt wurde. Den S-förmigen Verlauf kann man bei den unterschiedlichsten Technologien beobachten.

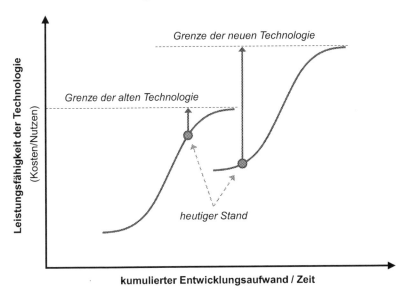

Abb. 3.1 Technologie-S-Kurve nach Krubrasik (1982), Foster (1986)

© Springer Fachmedien Wiesbaden GmbH, ein Teil von Springer Nature 2020
J. Gochermann, *Technologiemanagement,* essentials,
https://doi.org/10.1007/978-3-658-28799-3_3

Auf der X-Achse ist der **kumulierte Entwicklungsaufwand** dargestellt, also der aufaddierte Entwicklungsaufwand; je mehr investiert wird, desto weiter wandert man nach rechts. Da es sich um einen kumulierten Wert handelt, gibt es natürlich keine Bewegung nach links. Die Y-Achse verdeutlicht die **Leistungsfähigkeit einer Technologie** bzw. den **Nutzen,** welchen man mit ihr generieren kann. Dieser Nutzen kann unterschiedlicher Art sein. Er kann beispielsweise daran gemessen werden wie viel Umsatz mit den auf dieser Technologie aufbauenden Produkten und Dienstleistungen im Markt generiert wird, oder auch in wie vielen unterschiedlichen Anwendungen die Technologie Verwendung findet. Der Nutzen kann auch sehr speziell sein, beispielsweise wie effektiv die Technologie ein spezifisches Problem löst. Der erschließbare Nutzen einer Technologie korreliert zumeist mit der **Technologieattraktivität** vgl. Kap. 4.

Der typische S-förmige Verlauf ergibt sich wie folgt:

- Die Leistungsfähigkeit (Nutzen) und die Einsatzbreite der bisherigen Technologie sind am Anfang gering. Es wird viel in die weitere Entwicklung investiert (X-Achse nach rechts), die Leistungsfähigkeit nimmt aber nur wenig zu (unterer Teil der S-Kurve).
- Ab einer gewissen Reife nimmt die Leistungsfähigkeit rapide zu, ohne das viel in die Entwicklung investiert werden muss (mittlerer steiler Teil der S-Kurve). Die Technologie ist im Markt angekommen und wird in verschiedensten Produkten und Dienstleistungen eingesetzt – es wird ein hoher Nutzen generiert.
- Irgendwann nehmen der Nutzen und die Leistungsfähigkeit aber kaum weiter zu, auch wenn weiter in die Entwicklung investiert wird (oberer Teil der S-Kurve). Die Technologie läuft dann gegen ihre **Leistungsgrenze.**

Forschung und Entwicklung arbeiten stets an neuen, besseren und effektiveren Lösungen. Wenn eine Technologie im Markt erfolgreich ist, werden stets neue technologische Lösungen erforscht und vorangetrieben. Ziel ist es, mit einer alternativen Lösung einen höheren Nutzen zu erzielen. Auch diese Technologie wird eine S-Kurve durchlaufen (rechte Kurve in Abb. 3.1):

- Die dann neu erfundene oder entdeckte Technologie beginnt prinzipiell auf einem höheren Leistungsniveau auch wenn dies noch geringer ist als bei der aktuellen Technologie. Auch sie durchläuft zunächst den unteren S-Kurven-Teil und trotz merklicher Entwicklungsinvestitionen nimmt ihre Leistungsfähigkeit zu Beginn nur gering zu.
- Irgendwann jedoch überholt die neue Technologie die alte, erreicht eine höhere Leistungsfähigkeit und bietet den Anwendern einen größeren Nutzen.

Spätestens zu diesem Zeitpunkt werden Anwender und Kunden zur neuen Technologie wechseln.

- Auch diese Technologie läuft irgendwann gegen ihre Leistungsgrenze und wird von einer neueren, leistungsfähigeren Technologie überholt und abgelöst.

Beispiel: Von der Schallplatte über die CD zum digitalen Download

Bespiele für derartige Technologiewechsel finden sich vielfältig. Besonders beeindruckend kann die S-Kurven-Entwicklung in den **Aufzeichnungs- und Wiedergabetechnologien für Sprache und Musik** erkannt werden. Viele Jahrzehnte lang war die Schallplatte *das* wesentliche Medium, über das Musik und Sprache gespeichert und vor allem verbreitet werden konnte. Die Aufzeichnung von Sprache und Musik auf magnetischen Tonbändern und Kassetten erhöhte zwar die Qualität und die Flexibilität, war aber nicht in der Lage die Schallplatte zu verdrängen. Die Schallplatte wurde zwar stetig optimiert, lief aber gegen eine physikalisch bedingte Leistungsgrenze. Irgendwann ließen sich das Restknistern und das Restrauschen, bedingt durch das mechanische Abtasten der Rillen in der Vinylplatte, nicht mehr verringern. Die S-Kurve war am oberen Ende angelangt.

Die neu entwickelte CD-Technologie startete hingegen auf einem zu diesem Zeitpunkt schon vermeintlich höherem Nutzenniveau. Die digitale Aufzeichnung war frei von dem mechanischen Rauschen und zudem war die Leistungsfähigkeit und Handhabbarkeit der CD um ein Vielfaches höher als die der Schallplatte. Innerhalb weniger Jahre erlebte nicht nur die CD einen enormen Aufschwung, zugleich verschwand die klassische Schallplatte in kurzer Zeit beinahe völlig vom Markt.

Inzwischen hat allerdings auch die CD ihre Leistungsgrenze erreicht, insbesondere aufgrund ihrer Größe und der begrenzten Speicherkapazität. Der Ablösung durch DVDs folgte die digitale Speicherung auf anderen Medien. Inzwischen gewinnt das Online-Streaming im Internet immer mehr an Bedeutung. Das Speichermedium steht nicht mehr im Vordergrund, gespeichert wird in der Cloud.

Die Verdrängung der Mobiltelefone durch Smartphones ist ein weiteres Beispiel für einen rasanten Technologiewechsel. NOKIA hatte diesen Wechsel verpasst und daher beinahe seine Existenzbasis verloren (vgl. Kap. 1).

Beide Bespiele zeigen aber auch, das eine Technologie selten vollständig ersetzt wird. In anderen Märkten, bei anderen Zielgruppen oder in Nischenanwendungen können sich verdrängte Technologien oft noch lange halten. Millionen Menschen in Schwellen- und Entwicklungsländern nutzten klassische

Mobiltelefone, ebenso wie viele ältere Menschen in Industrienationen. Die Schallplatte und ihre Möglichkeiten werden von Musikprofis und DJ's nach wie vor eingesetzt und manch ein Musikliebhaber schätzt den Sound einer Schallplatte nach wie vor höher ein als den flachen Klang einer CD.

Den richtigen **Zeitpunkt zum Technologie-Wechsel** zu erkennen, ist ebenso wichtig wie schwierig. Die Produkte und Dienstleistungen auf eine neue Technologie umzustellen ist aufwendig und benötigt Zeit. Die Produkte müssen überarbeitet oder neu entwickelt, die Produktion muss umgestellt und das Marketing verändert werden. Zwei verschiedene Technologien noch eine Zeit lang gleichzeitig anzubieten, ist hingegen produktionstechnisch, wie auch logistisch und vom Marktauftritt her schwer darzustellen.

Der Zeitpunkt des Wechsels ist nicht einfach berechenbar oder nach Regeln festzulegen. Sowohl frühe als auch späte Wechsel haben Vor- und Nachteile:

- Der frühe Wechsel auf die neu aufkommende Technologie eröffnet die Chance als einer der Ersten den Kunden die neue Lösung anzubieten und damit eine stärkere Marktposition zu erarbeiten, als nachfolgende Anbieter. Zu Beginn ist aber das Risiko groß, man weiß nicht, ob sich die neue Technologie durchsetzen wird.

- Auf der anderen Seite sind die bisherigen Produkte und Dienstleistungen noch erfolgreich im Markt und erwirtschaften Gewinn. Mit dem Wechsel möchte man also so lange wie möglich warten. Wechselt man zu spät, droht die Gefahr den Anschluss zu verpassen und den anderen Anbietern den Markt zu überlassen.

- Erst dann zu wechseln, wenn die neue Technologie bereits auf der Höhe der Leistungsfähigkeit der bisherigen Technologie ist, ist nachteilig. Man benötigt Zeit zum Umschalten, das Know-how muss aufgebaut, Mitarbeiter geschult werden. In dieser Zeit ist die Nutzung der neuen Technologie bereits weit vorangeschritten.

Nicht nur IBM oder NOKIA haben den technologischen Anschluss verpasst. Auch viele erfolgreiche Mittelständler, oft Jahrzehnte lang erfolgreich in ihren Branchen aktiv, verpassen häufig den Anschluss und sind plötzlich innerhalb weniger Jahre vom Markt verschwunden.

Dies gilt gleichermaßen für Produkttechnologien wie auch für Produktions- und Prozesstechnologien. Beide zusammen sind für den letztendlichen Produktnutzen verantwortlich und müssen auf einander abgestimmt beobachtet werden.

Voraussetzungen um den richten Zeitpunkt zum Technologiewechsel zu bestimmen sind daher

- die Kenntnis über die derzeitige und zukünftige Leistungsfähigkeit der von mir eingesetzten Technologie,
- das rechtzeitige Erkennen des Aufkommens neue Technologien, und
- die richtige Einschätzung der Marktlage (Kundenakzeptanz).

Hierzu muss man zum einen die Bedeutung und den aktuellen Stand der eingesetzten Technologien kennen (Kap. 4) und zum anderen frühzeitig kommenden Entwicklungen und neue technologische Lösungsansätze identifizieren (Kap. 8).

Welche Technologien sind für mein Unternehmen relevant?

4

Technologie ist ein Überbegriff. Technologie ist nicht gleich Technik, Technologie ist Know-how, das „Gewusst-wie" (vgl. Kap. 1). Dieses Know-how bezieht sich auf die unterschiedlichsten Einsatz- und Wirkungsfelder. Demnach lassen sich Technologien in unterschiedliche **Technologiearten** einteilen, je nach Einsatzgebiet, Einsatzart oder Anteil am Nutzen (vgl. Tab. 4.1).

Für die Technologieentscheidungen im Unternehmen ist es wichtig die eigenen eingesetzten Technologien und deren Bedeutung für den Geschäftserfolg zu kennen. Insbesondere gilt es die **Kerntechnologien** zu beherrschen, die unabdingbare Voraussetzungen für die Leistungserbringung sind. Dies können sowohl produktbezogene wie auch Prozesstechnologien sein. Darüber hinaus sind jedoch auch andere Technologien für den Erfolg der Produkte und Dienstleistungen mit verantwortlich.

Die Bedeutung und der Einfluss der verwendeten Technologien lassen sich mit einer **Produkt-Technologie-Matrix** ermitteln und in einen leicht bewertbaren Zusammenhang bringen. Dabei wird jedem Produkt bzw. jeder Dienstleistung zugeordnet, welche Technologien in welcher Stärke an der Realisierung beteiligt sind. Unter Produkt bzw. Dienstleistung wird dabei nur das verstanden, was dem Kunden einen Nutzen generiert.

Die Matrix-Zeilen werden durch die vom Unternehmen angebotenen Produkte und Dienstleistungen gebildet. Die Spalten listen die in den Produkten eingesetzten Technologien auf, sowohl die zur Realisierung der Produktfunktionalitäten oder die zur Produktion oder zur Leistungserstellung benötigten Technologien (vgl. Abb. 4.1).

© Springer Fachmedien Wiesbaden GmbH, ein Teil von Springer Nature 2020
J. Gochermann, *Technologiemanagement,* essentials,
https://doi.org/10.1007/978-3-658-28799-3_4

Tab. 4.1 Übersicht über unterschiedliche Technologiearten. (In Anlehnung an Zahn 1995, S. 6–7)

Harte Technologien (hardwarebasiert: Mikroelektronik, Werkstofftechnik, Lasertechnologie …)	vs	**Weiche Technologien** (Softwaretechnologie, Dienstleistungstechnologie, Managementtechnologie)
Produkttechnologien (werden zur Realisierung der Produktfunktionen benötigt)	vs	**Verfahrenstechnologien** (zur Herstellung der Produkt benötigt, gehen nicht direkt ins Produkt ein)
Kerntechnologien (sind Voraussetzung für die Realisierung und den Nutzen von Produkten und Dienstleistungen)	vs	**Unterstützungstechnologien** (sind erforderlich, um die Produkte und Dienstleistungen verfügbar zu machen)
Komplementärtechnologien (befruchten oder ergänzen sich gegenseitig bei der Entwicklung von Problemlösungen)	vs	**Konkurrenztechnologien** (kommen auf unterschiedlicher Wissensbasis zu vergleichbaren Lösungsansätzen)
Querschnittstechnologien (besitzen ein breites Spektrum von Anwendungsfeldern, z. B. Elektronik, Optik)	vs	**Spezifische Technologien** (haben nur relativ begrenzte Einsatzgebiete, z. B. Petrochemie, Erdölexploration)
Systemtechnologien (Technologiebündel zur Herstellung komplexer Produkte, wie Maschinen und Apparate, Zusammenführung verschiedener Technologiestränge, z. B. Feinoptik/Mikromechanik/Mikroelektronik)		

Produkt-Technologie-Matrix

für ein Unternehmen der Mess- und Steuerungstechnik

■ = Kerntechnologie
X = verwendete Technologie
O = schwacher Einfluss

		Elektronik – EL	Komponenten/Schaltschrank – KS	Digitale Steuerungstechnik – SPS	moderne Bustechnologien – MBT	Anwendungsprogrammierung – AP	Internettechnologien – www	Datenbanktechnologien – DB	Online-Fernwartung – OFW	Optische Fehlererkennung – OF	Opti. Prozessdatenerfassung – OP	
Anlagensteuerung / Hardware	AH	X	X	■	■							
Anlagensteuerung / Software	AS					■	X		X	O	O	
Elektronikkomponentenentw.	EK	■	O									−
Maschinendatenerfasssung	MDE	O	O			X	X	■	X	■	O	+
Qualitätsparameter-Erfasung	QP	O				X	X	■	X	X	X	+
Programmierleistung	PR			X		■		O				
Optische Erkennungssysteme	OS	O	O			X	O	X		■	X	

Abb. 4.1 Produktbewertung in der Produkt-Technologie-Matrix. (Vgl. Gochermann 2004, S. 160)

Für die Bewertung, wie stark die Technologie für die Nutzengenerierung verantwortlich ist, reicht eine einfache Einteilung:

Kerntechnologie	unabdingbare Voraussetzung für die Funktionalität und die Qualität des Produktes oder zur Leistungserstellung,
verwendete Technologie	zur Realisierung der Funktionen oder zur Erstellung des Produktes oder der Leistung optimal einzusetzende Technologie,
ergänzende Technologie	wird zur Erstellung der Leistung eingesetzt, könnte aber auch anders realisiert werden,
nicht verwendet	hat keine technologische Relevanz für das Produkt oder die Dienstleistung.

Ein Beispiel für solch eine Produkt-Technologie-Matrix zeigt die Analyse eines Unternehmens für Elektronikentwicklung und Mess- und Steuerungstechnik für industrielle Produktionsanlagen[1].

In den Produktgruppen „Maschinendatenerfassung" und „Qualitätsparameter-Erfassung" ist das Unternehmen offenbar gut aufgestellt (vgl. Abb. 4.1). Beide Produktgruppen basieren auf jeweils zwei Kerntechnologien und weiteren für den Nutzen mitverantwortlichen Technologien. Durch diese **Technologiekomplexität** kann sich das Unternehmen gut am Markt differenzieren (+). Die Gefahr, dass jemand in der Lage ist diese Technologiekombination zu kopieren, ist gering. Bei der „Elektronikkomponentenentwicklung" hingegen dürfte es kaum Möglichkeiten der Differenzierung geben (−).

Die Matrix lässt auch Rückschlüsse über die Bedeutung der vom Unternehmen eingesetzten Technologien zu (siehe Abb. 4.2). Die beiden Technologien „AP – Anwendungsprogrammierung" und „www – Internettechnologie" sind für das Unternehmen wichtig, da sie in mehreren Produkten als Kerntechnologie eingesetzt werden (+). Hierin muss das Unternehmen weiterhin gut sein, um sich durch die technologische Kompetenz am Markt behaupten zu können.

Die Kompetenzen in den Technologiefeldern „KS – Komponenten/Schaltschrank" und „DB – Datenbanktechnologien" werden hingegen kaum für die Realisierung der Produkte genutzt (−). Der Aufwand diese Kompetenzen im Unternehmen vorzuhalten ist mit dem Einsatz in den Produkten nicht zu rechtfertigen. Hier empfiehlt sich ein Out-Sourcing und ein Zukauf bei Bedarf.

Eine Produkt-Technologie-Matrix

- identifiziert die Zusammenhänge zwischen eingesetzten Technologien und den angebotenen Produkten und Dienstleistungen,
- stellt heraus in welchen Produkten sich der Anbieter über die Kombination von Produkten behaupten kann,
- zeigt in welche Technologien man zur Kompetenzentwicklung investieren muss und aus welchen man sich zurückziehen kann.

Die Erarbeitung einer solchen Produkt-Technologie-Matrix kann im Rahmen eines Workshops mit den für Produktmanagement und Technologieentwicklung verantwortlichen Mitarbeitern erarbeitet werden.

Kennt man neben der Bedeutung der Technologien für das eigene Leistungsangebot auch die jeweiligen Lebensphasen der Technologien (siehe Kap. 2), so

---

[1]Gochermann (2004, S. 160).

Produkt- Technologie-Matrix für ein Unternehmen der Mess- und Steuerungstechnik ⬛ = Kerntechnologie X = verwendete Technologie O = schwacher Einfluss		Elektronik – EL	Komponenten/Schaltschrank – KS	Digitale Steuerungstechnik – SPS	moderne Bustechnologien – MBT	Anwendungsprogrammierung – AP	Internettechnologien – www	Datenbanktechnologien – DB	Online-Fernwartung – OFW	Optische Fehlererkennung – OF	Opti. Prozessdatenerfassung – OP
Anlagensteuerung / Hardware	AH	X	⬛	⬛	⬛						
Anlagensteuerung / Software	AS					⬛	X		X	O	O
Elektronikkomponentenentw.	EK	⬛	O								
Maschinendatenerfasssung	MDE	O	O		X	X		⬛	O	⬛	O
Qualitätsparameter-Erfasung	QP	O	O		X	X		⬛	O	X	⬛
Programmierleistung	PR			X		⬛			O		
Optische Erkennungssysteme	OS	O	O		X	O				⬛	X
						−	+	+	−		

Abb. 4.2 Technologiebewertung in der Produkt-Technologie-Matrix. (Vgl. Gochermann 2004, S. 160)

lassen sich strategische Entscheidungen ableiten. Ist eine Technologie bereits eine breit verfügbare Basistechnologie und hat zudem nur geringen Einfluss auf mein Leistungsspektrum – vergleichbar mit den Technologien Elektronik und Komponenten Schaltschrank in dem obigen Beispiel – so sollte man sich aus dieser Technologie zurückziehen. Ist eine Technologie jedoch noch in einer frühen Phase und verspricht einen breiten Einsatz in meinen Produkten und Leistungen, so besteht Investitions- und Entwicklungsbedarf.

Ist mein Unternehmen technologisch richtig aufgestellt?

5

Ein **Portfolio** ist eine zweidimensionale Matrix zur grafischen Analyse und Bewertung von Geschäftsfeldern, Produkten oder Technologien und zur Ableitung von Normstrategien. Eines der bekanntesten Portfolios ist die BCG Boston Consulting Group Matrix in der Geschäftsfelder und Produkte in Bezug auf ihre Marktposition dargestellt und klassifiziert werden: Question Marks, Stars, Cash Cows, Poor Dogs. Eine gute Übersicht über verschiedene Portfoliomethoden und deren Ansätze findet man bei Haag et al.[1]

Bei der Positionierung in einem Portfolio kommt es weniger auf die messgenaue Koordinate an. Die meisten Portfolios teilen sich in vier Quadranten auf, denen Normstrategien zugeordnet werden können. So kann man leicht identifizieren, ob man selektieren investieren, halten oder desinvestieren sollte.

Nicht jede zweidimensionale Matrix ist ein Portfolio. Um Normstrategien ableiten zu können müssen die beiden Achsen sich wie folgt voneinander unterscheiden:

Interne Achse Position ist durch eigenes Handeln beeinflussbar.
Externe Achse Position wird von außen bestimmt und ist nicht oder nur indirekt durch eigenes Handeln beeinflussbar.

Bei der BCG-Markt-Matrix[2] (siehe Abb. 5.1) ist die externe Achse das *Marktwachstum,* welches man als „normales" Unternehmen nur sehr bedingt beeinflussen kann. Die *Relative Marktposition* (interne Achse) ist jedoch durch Marktaktivitäten durch das Unternehmen beeinflussbar.

---

[1]Haag, C. et al. (2011, S. 331).
[2]Boston Consulting Group-Matrix zur Portfolioanalyse.

© Springer Fachmedien Wiesbaden GmbH, ein Teil von Springer Nature 2020
J. Gochermann, *Technologiemanagement,* essentials,
https://doi.org/10.1007/978-3-658-28799-3_5

Abb. 5.1 Boston
Consulting Group-Matrix
der Marktpositionierung
von Produkten und
Produktgruppen. (Eigene
Abbildung)

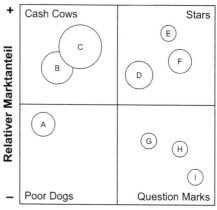

Während die BCG-Matrix die Markt-Produkt-Relationen in einem Portfolio abdeckt, werden in einem **Technologieportfolio**[3] die internen und externen relevanten Kriterien einer Technologiebewertung als Messgrößen verwendet. Auch hier müssen die Achsen der Unterscheidung nach extern und intern genügen:

Technologieattraktivität	Summe der wirtschaftlichen und technischen Vorteile, die durch die Technologie erschlossen werden können (extern).
Ressourcenstärke/eigene Technologieposition	Grad der eigenen technischen und wirtschaftlichen Beherrschung dieser Technologie (intern).

Beides sind nicht unbedingt zahlenmäßig exakt erfassbare Messgrößen, sondern beschreiben die beiden Kriterien zumeist qualitativ.

---

[3]Das Technologieportfolio geht zurück auf Arbeiten von Pfeiffer et al. aus dem Jahr 1982 und gilt in seinen Grundzügen noch heute (vgl. auch Pfeiffer et al. 1991).

Die **Technologieattraktivität** ist die externe Größe und kann nur bedingt vom Unternehmen beeinflusst werden. Ob eine Technologie attraktiv ist wird von äußeren Faktoren beeinflusst. Mögliche Bewertungsgrößen können sein:

Weiterentwicklungspozential	In welchem Umfang ist auf dem betreffenden Gebiet eine technische Weiterentwicklung möglich? Wie groß ist das qualitative Steigerungspotenzial?
Anwendungsbreite	In wie vielen verschiedenen Einsatzbereichen lässt sich mit der Technologie ein Nutzen generieren? Wie ist die Ausbreitung der Technologie hinsichtlich Anzahl und Umfang der Einsatzbereiche zu beurteilen?
Aufwand und Risiko	Wie hoch ist der zeitliche und finanzielle Aufwand zur Weiterentwicklung der Technologie und wie hoch ist das Risiko, keine adäquate Problemlösung zu finden?
Ausbreitungsgeschwindigkeit	Wie schnell wird sich die Technologie am Markt ausbreiten? Sind Akzeptanzbarrieren in der Gesellschaft/ beim Kunden zu überwinden und wie hoch sind diese?
Synergetischer Nutzen	Wie hoch können positiven Synergiewirkungen auf andere Technologien oder Produkte des Unternehmens sein?

Wie gut ich die Technologie beherrsche und welche **eigene Technologieposition** das Unternehmen einnimmt, ist die interne Größe, die von den Entscheidungen und Aktivitäten des Unternehmens abhängt. Sie wird auch oft im Bezug zum Wettbewerber bewertet und dann als **relative Technologieposition** bezeichnet. Mögliche Bewertungskriterien können sein[4]:

Entwicklungsressourcen	Wie sind die zur Weiterentwicklung notwendigen finanziellen, personellen und sachlichen Ressourcen gegenüber der Konkurrenz einzuschätzen?
Know-how	Wie gut ist meine Technologie durch Patente und andere Schutzrechte oder durch Geschäftsgeheimnisse gegenüber der Konkurrenz abgesichert?
Beherrschungsgrad	Wie gut beherrsche ich die eingesetzte Technologie und wie gut kann ich sie in marktfähige Produkte und Dienstleistungen integrieren?

---

[4]Vgl. Seibert (1998, S. 154).

Realisierungsgeschwindigkeit	Wie schnell kann die Technologie in marktfähige Produkte und Leistungen integriert werden und wie schnell können technische Weiterentwicklungsmöglichkeiten im Vergleich zur Konkurrenz realisiert werden?
Komplementärtechnologien	Stehen die für eine erfolgreiche Implementierung erforderlichen Komplementär- und Anwendungstechnologien auf vor- und nachgelagerten Wertschöpfungsstufen zur Verfügung? Wie gut funktioniert der entsprechende Informationsaustausch innerhalb des Unternehmens (Wissensmanagement)?
Strategieunterstützung	Wie stark unterstützt die Technologie die strategischen Ziele und die Wettbewerbsstrategie des Unternehmens bzw. des Geschäftsbereichs?

Die Achsendimensionen sind nur schwer in genauen Zahlenwerten zu bewerten – und das ist auch gar nicht erforderlich. Oft unterteilt man die Achsen in drei Felder „niedrig – mittel – hoch". Die Einordnung in die Portfolioposition kann durch Einschätzung von Fachleuten im Unternehmen auf der Grundlage vorliegender oder zu recherchierender Fakten vorgenommen werden. Letztendlich geht es um die Zuordnung zu bestimmten Feldern um eine Entscheidung für die Auswahl und den Ausbau einer Technologie zu treffen und nicht vorrangig um die exakte Position im Diagramm. Mögliche Normstrategien[5] sind in Abb. 5.2 dargestellt.

Das Beispiel in Abb. 5.3 zeigt die Verteilung der eingesetzten Technologien eines technologiebasierten mittelständischen Unternehmens. Unabhängig von der Position der einzelnen Technologien, lässt schon die Verteilung eine allgemeine Bewertung zu. Das Unternehmen ist technologisch schlecht aufgestellt. Man beherrscht solche Technologien gut (hohe relative Technologieposition), die eine geringe Attraktivität haben, während man bei den attraktiven Technologien eine schwache eigene Position hat. Bei einer guten Verteilung währen die Technologien eher entlang einer Diagonalen von links unten nach rechts oben verteilt.

Das Unternehmen müsste also versuchen die interessanten Technologien (MBT, WWW, OP) besser zu beherrschen, die recht attraktiven Technologien (AP, SPS) zu halten, sich aus den unattraktiven Technologien zurückziehen (z. B. Outsourcing) und vielleicht noch nicht so interessante Technologien (z. B. OFW) hinsichtlich ihrer zukünftigen Attraktivität beobachten.

---

[5]In Anlehnung an Pfeiffer (1991).

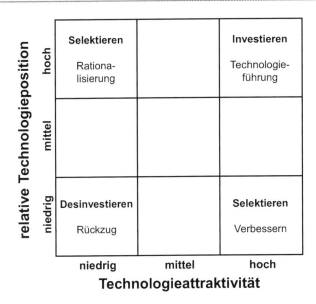

Abb. 5.2 Normstrategien in einem Technologieportfolio. (Eigene Darstellung)

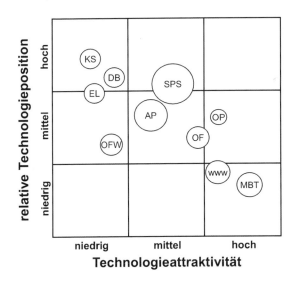

Abb. 5.3 Technologieportfolio eines mittelständischen Technologieunternehmens. (Vgl. Gochermann 2004, S. 161)

Wie kann ich meine Technologieposition verbessern?

6

Die Darstellung von Technologien und Kompetenzen in Technologieportfolios (Kap. 5) erlaubt die Ableitung von Normstrategien in Abhängigkeit von der Position im Portfolio (vgl. Abb. 5.2). Grundsätzlich sind es zwei Dimensionen, in denen man seine Position verbessern kann:

- **Erhöhung des Grades der Beherrschung der Technologie**

und

- **Steigerung der Attraktivität der Technologie oder Umstieg auf eine attraktivere Technologie**

Den **Beherrschungsgrad** zu steigern, bedeutet die Fähigkeiten zur optimalen Realisierung des Technologienutzens zu erhöhen und sich dadurch vom Wettbewerber zu differenzieren. Folgende Maßnahmen sind hierfür geeignet:

- Qualifizierung der relevanten Mitarbeiter (Konstruktion, Entwicklung, technischer Vertrieb etc.)
- Einstellung neuer Mitarbeiter mit aktueller Fachkompetenz, beispielsweise Hochschulabsolventen, die frisches Wissen mitbringen
- Abwerben qualifizierter Mitarbeitern vom Wettbewerber
- Kooperationsprojekte mit Wissensträgern (Hochschulen, Fraunhofer Institute, Forschungseinrichtungen) um frisches Wissen zu generieren
- Mitwirkung in Technologie- und Innovationsnetzwerken
- Investition in modernes Entwicklungsequipment und in Laborausstattung
- Zukauf von Unternehmen mit der benötigten Fachkompetenz

© Springer Fachmedien Wiesbaden GmbH, ein Teil von Springer Nature 2020
J. Gochermann, *Technologiemanagement,* essentials,
https://doi.org/10.1007/978-3-658-28799-3_6

- Strukturierung des Technologie- und Innovationsmanagements im Unternehmen
- u. v. m.

Die **Steigerung der Attraktivität** der bislang eingesetzten Technologie ist für ein Einzelunternehmen nur bedingt machbar und zumeist mit hohem Aufwand verbunden. Im Falle eines **Technologiepioniers,** der diese Technologie entwickelt und erstmalig angewendet hat, lässt sich die Attraktivität durch eine verbesserte Ausschöpfung des Nutzenpotenzials erhöhen, etwa durch

- Verbesserung der Leistungsparameter (Performance), z. B. Genauigkeit, Schnelligkeit, Qualität
- Weiterentwicklung der Funktionalitäten
- Erleichterung der Nutzbarkeit (Integration in die Umgebung, Bedienbarkeit etc.)
- Anpassung an weitere Einsatzbereiche und Applikationen
- Senkung der technologiespezifischen Kosten
- Stärkere Absicherung durch Patente

Der **Umstieg auf eine attraktivere Technologie** sollte sorgfältig überlegt werden. Hilfreich ist hier in die Kap. 3 beschriebene S-Kurve. Um eine Wechselentscheidung zu treffen, sollten folgende Fragen beantwortet werden:

- Ist das Potenzial meiner Technologie wirklich schon ausgereizt oder kann ich mit vertretbarem Aufwand noch weiteren Nutzen generieren?
- In welcher Lebenszyklusphase befindet sich die neue Technologie und wie schnell und mit welchem Aufwand lässt sich ihr Nutzen steigern?
- Hab ich das notwendige Know-how zur Nutzung der neuen Technologie im Hause?
- Wie hoch sind die Umstiegskosten (Investitionen, Personal, Wissen) und in welchem Verhältnis stehen sie zu einem zukünftigen Marktertrag?
- Besteht eine Notwendigkeit umzusteigen, um einem Branchentrend zu folgen? Werden wir sonst abgehängt?

Letztendlich bleibt die Frage der **Beschaffung der neuen Technologie** zu klären. Grundsätzlich sind drei Wege möglich, um die neue Technologie für mein Unternehmen nutzbar zu machen[1]:

- Nutzung interner Technologiequellen
  - eigene Forschung und Entwicklung (FuE)
  - Vorteile: technologische Unabhängigkeit und Exklusivität
- Kooperative Technologiebeschaffung
  - Auftragsforschung (z. B. an Institute)
  - Gemeinschaftsforschung, Kooperationsprojekte
  - Technologie- und Innovationsnetzwerke und Allianzen
  - Joint Venture und Unternehmensbeteiligungen
- Erwerb von Rechten und Know-how aus externen Technologiequellen
  - Erwerb von Lizenzen von Know-how-Besitzern
  - Technologiekauf

Als Entwicklungspartner bieten sich in Deutschland neben technologie-orientierten Unternehmen zahlreiche FuE-Institute an. Diese Institute und Einrichtungen decken ein breites Forschungs- und Entwicklungsspektrum ab und zwar sowohl hinsichtlich der technisch-wissenschaftlichen Disziplinen als auch bezüglich des Erkenntnisstandes und der Marktnähe. Je nach Lebensphase der Technologie (vgl. Kap. 2; Abb. 2.1) und je nach wissenschaftlich-technischem Erkenntnisstand muss der passende Partner ausgewählt werden:

- Grundlagenforschung (erkenntnisorientiert)
  - universitäre Forschung, Max-Planck-Institute, Helmholtz-Forschungszentren, Deutsche Forschungsgemeinschaft u. a.
- Angewandte Forschung (anwendungsorientiert)
  - Fachhochschulen, Fraunhofer Gesellschaft, Leibniz Gesellschaft, freie Institute der angewandten Forschung u. a.
- Industrielle Forschung (branchenorientiert)
  - Entwicklungsabteilungen von Industrieunternehmen, Industrielle Forschungszentren und Institute, Handwerkskammerbildungszentren, AiF Arbeitsgemeinschaft industrieller Forschungsgemeinschaften u. a.

---

[1]Vgl. Schulte-Gehrmann et al. S. 73.

Woran erkenne ich Konkurrenztechnologien und alternative Lösungen?

7

Die Technologie-S-Kurve (siehe Kap. 3) verdeutlicht, dass andere Technologien mit einem höheren Nutzen für den Kunden, den etablierten Technologien Konkurrenz machen können. Im schlimmsten Fall ersetzen sie diese. In der Literatur werden Konkurrenztechnologien daher auch als **Substitutionstechnologien** bezeichnet.

> **Konkurrenztechnologien** lösen ein Problem auf eine andere funktionale Art und Weise als bisher. Der **Nutzen** für den Anwender ist dabei höher als bei der bisher verwendeten Technologie (weniger Aufwand, mehr Output).

Konkurrenztechnologien sind daher immer aus **Anwender- bzw. Kundensicht** zu bewerten. Der Marketingerkenntnis folgend, „Leute kaufen keine Sachen, Leute kaufen Problemlösungen", ist nicht die Technik an sich das Entscheidungsargument, sondern auf welche Art und Weise man das Problem mit weniger Aufwand oder mit größerem Nutzen lösen kann.

Beispiel: Bohrmaschine und Klebtechnik

Bohrmaschinen werden gekauft, um damit Löcher zu bohren. Beispielsweise in die Wand, um einen Dübel einzusetzen, einen Haken einzuschrauben und somit ein Bild aufzuhängen. Der Kunde kauft keine Bohrmaschinen, weil er unbedingt bohren möchte, sein Nutzen ist die Befestigung des Bildes an der Wand. Eine Konkurrenztechnologie zur Bohrtechnik ist in diesem Fall die Klebtechnik. Sie erlaubt die Befestigung von Gegenständen ohne zerstörendes Bohren und Dreck. Führende Hersteller von Klebstoffen werben daher auch schon mit dem Spruch „Kleben statt Bohren".

© Springer Fachmedien Wiesbaden GmbH, ein Teil von Springer Nature 2020
J. Gochermann, *Technologiemanagement*, essentials,
https://doi.org/10.1007/978-3-658-28799-3_7

Technologien werden meiner dann gefährlich, wenn sie die gewünschte Funktion auf andere technologisch-wissensbasierte Art leisten. Um solche Konkurrenztechnologien zu identifizieren, muss man Technologien hinsichtlich ihrer Funktionen beschreiben und vergleichen. Die **Funktionenanalyse** dient der Ermittlung der relevanten Funktionen. Sie liefert eine systematische Darstellung, Klassifizierung und Bewertung der Funktionen sowie deren Beziehungen nach dem Wirkungsprinzip (DIN EN 1325, VDI 2803):

- Erfassung aller Informationen und Daten, die die Merkmale einer Technologie wiedergeben.
- Keine Vermutungen oder Hoffnungen, nur objektive und realisierbare Funktionen benennen.
- Benennung der Funktionen erfolgt durch einfache **Substantiv-Verb-Kombinationen:** z. B. Schweißen = Metalle * verbinden.

Anschließen kann man nach Prinzipien suchen, welche die Funktion „Metalle * verbinden" ebenfalls erfüllen, beispielsweise Nieten oder Kleben. Oft finden sich solche Technologien in ganz anderen Anwendungsfeldern und Märkten.

Aber wie findet man diese anderen Lösungen für die gleiche Funktion? Und welche sind überhaupt vergleichbar? Eine systematische Vorgehensweise stellt der **Technologiebaum** dar. Ausgehend von naturwissenschaftlichen Grundprinzipien oder technologischen Grundansätzen werden alle möglichen Lösungsansätze systematisch aufgelistet und immer weiter bis in die technische Realisierung heruntergebrochen. In der untersten Ebene dieses quasi auf dem Kopf stehenden Baumes sind dann alle theoretisch möglichen technischen Lösungen des Problems nebeneinander aufgelistet.

Einen solchen Technologiebaum für eine konkrete Fragestellung zeigt Abb. 7.1. Die zugrunde liegende Fragestellung ergab sich aus einem ganz konkreten technischen Anwendungsfall. In unserem Alltag finden wir zahlreiche rotierende Produkte und Elemente, bei denen im rotierenden Zustand Energie übertragen werden muss, zumeist Strom. Beispiele sind Eingangsdrehtüren von Gebäuden, Produktionsroboter, Drehleitern beim Feuerwehrauto, Kabeltrommeln an Ladekränen, bewegliche OP-Leuchten in Operationssälen und viele andere mehr. Oft können keine Kabel verwendet werden, da sie sich bei der Drehung verdrillen und reißen würden. Die technologische Fragestellung bezieht sich demnach auf die **Energieübertragung in rotierenden Systemen.** Konventionell benutzt man oft berührende Methoden, etwa Kohle- oder Goldbürsten auf Schleifringen. Welche Technologien könnten dieser berührenden Technologie

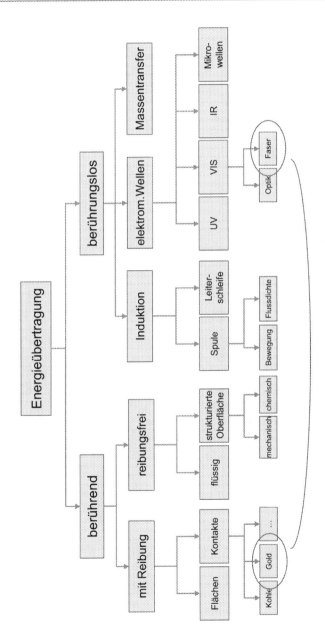

Abb. 7.1 Technologiebaum für den Anwendungsfall „Energieübertragung". Aus Übersichtsgründen wurden nicht alle möglichen Varianten eingetragen. (Eigen Darstellung)

gefährlich werden? Es gibt auch berührungslose Stromübertragungstechnologien, aber können diese auch in den bestehenden Anwendungen eingesetzt werden?

Die Frage der Energieübertragung wird zunächst in die beiden Möglichkeiten „berührend" und „berührungslos" unterteilt. Die berührende Übertragung kann „mit Reibung" oder „reibungsfrei" geschehen, über Flächen oder Kontakte, oder mittels Flüssigkeiten oder mikrostrukturierten, reibungsfreien Oberflächen. Die technische Umsetzung ergibt sich dann in der untersten Reihe, beispielsweise durch berührende Goldkontakte.

Bei den berührungslosen Ansätzen sind zunächst drei grundsätzliche Wege denkbar: durch Induktion, mittels elektromagnetischer Wellen oder (hypothetisch) durch Massentransfer ($E = mc^2$). Die Induktion könnte durch Spulen oder durch eine Leiterschleife realisiert werden, bei einer Spule käme die Bewegung oder die Flussdichtenveränderung infrage. Bei den elektromagnetischen Wellen kann man das ganze Spektrum von ultrakurzwellig bis extrem langwellig abbilden, hier beispielhaft ultraviolette Strahlung, visuell, Infrarot und Mikrowellen. Die Übertragung von visuellem Licht könnte beispielsweise durch abbildende Optik oder durch Glasfasern geschehen.

Auf der untersten Ebene werden die Technologien nun vergleichbar. Nun kann man bewerten, ob in einem konkreten Anwendungsfall die Technologie „Lichtübertragung durch Glasfaser" die bislang eingesetzte Übertragung mit „berührenden Goldkontakten" ersetzen kann. Dies hängt unter anderem von der zu übertragenden Energiemenge (Stromstärke), den konstruktiven Gegebenheiten und Randbedingungen, dem Einfluss von Umgebungsfaktoren und anderem ab. Wichtig ist, dass man die Lösungsansätze auf eine möglichst konkrete Ebene herunterbricht um entscheiden zu können, ob diese Technologie die beschriebene Funktion „Energie*übertragen" in den geforderten Spezifikationen leisten kann.

Wie identifiziere ich frühzeitig neue Technologien? 8

Die frühzeitige Identifikation neu aufkommender Technologien nennt man **Technologiefrüherkennung.** Ziel ist es technologierelevante (schwache) Signale im Unternehmensumfeld frühzeitig aufzunehmen und zu interpretieren, um bei Entscheidungen über technologische Innovationsaktivitäten des Unternehmens schneller als die Wettbewerber auf Informationen zugreifen zu können. Dabei will man schneller als der Wettbewerber aufmerksam werden auf

- Weiterentwicklungspotenziale neuer Technologien,
- Grenzen bekannte Technologien,
- Substitutionsbeziehung zwischen Technologien, und
- zu erwartende Brüche in der Entwicklung von Technologien (= technologische Diskontinuitäten).[1]

Neben der Identifikation von Konkurrenztechnologien (Gefahr) steht also auch das Erkennen von Potenzialen (Chancen) im Fokus. Für die Technologiefrüherkennung gibt es zwei grundlegende Ausrichtungen. Die ungerichtete, technologie- und geschäftsfeldunabhängige Untersuchung bezeichnet man als

- **Technologieexploration (Technology Scanning):**
  - Ähnlich wie mit einem Radar scannt man die technologischen Entwicklungen in unterschiedlichen Feldern und Märkten ab.
  - Dient der Erfassung von technologiebedingten Chancen und Risiken jenseits des gegenwärtigen Technologieportfolios.

---

[1]Vgl. Gerpott (2005, S. 101 ff.).

© Springer Fachmedien Wiesbaden GmbH, ein Teil von Springer Nature 2020
J. Gochermann, *Technologiemanagement,* essentials,
https://doi.org/10.1007/978-3-658-28799-3_8

- Geschieht ungerichtet und unabhängig von einem Geschäftsfeld.
- Organisatorisch meist als Stabsfunktion auf Gesamtunternehmensebene angesiedelt.

Will man gezielt die Entwicklung der im Unternehmen bislang eingesetzten Technologien vorhersagen, bedient man sich der

- **Technologieüberwachung (Technology Monitoring)**
  - Die offensichtlichen Konkurrenztechnologien werden kontinuierlich überwacht und hinsichtlich ihrer potenziellen Gefahr bewertet.
  - Dient der gezielten Erfassung und Interpretation von externen Ereignissen und Entwicklungen für verwendete Technologien.
  - Festlegung überwachungsrelevanter Technologiefelder erforderlich.
  - Betrifft zumeist die technologischen Kernkompetenzen.
  - Ist organisatorisch meist dezentral in den Geschäftsfeldern angesiedelt.

Beide Ausrichtungen stützen sich dabei auf intensive Recherchearbeit. Neben der intensiven Analyse von Sekundärquellen, etwa Patent- und Literaturanalysen, gibt es auch eine Reihe von Primärquellen, aus denen Informationen gewonnen werden können, zum Beispiel Kunden, Zulieferer und Forschungsinstitute.

Insbesondere im globalisierten Umfeld wird es nur bedingt möglich sein, alle technologischen Entwicklungen zu bemerken und zu verfolgen. Oftmals reicht es jedoch aus, wichtige Trends mitzubekommen und zu erkennen, welche Wirkungsprinzipien immer wieder auftauchen. Über folgende Kanäle kann man ohne allzu großen Aufwand an Daten zu aktuellen Entwicklungen gelangen und bewerten:

Wissenschaftlich-technische Fachtagungen Analyse der Tagungsprogramme. Ist der Vortragende ein Professor von einer (akademischen) Universität, dann ist die Technologie in der Regel noch ein Stück weiter vom Markt entfernt als wenn der Vortragende der Entwicklungsleiter eines Technologiekonzerns ist.

Fachzeitschriften (Technologie *und* Markt) Die regelmäßige Lektüre von technologischen Fachzeitschriften durch die Entwickler und die Produktmanager liefert aktuelle Trends und gehört zum Arbeitsalltag dazu. Das Geld für derartige Abonnements ist gut investiert.

Newsletter und Blogs von Forschungseinrichtungen Newsletter von FuE-Einrichtungen, insbesondere der angewandte Forschung und Entwicklung, sind kein lästiger Email-Spam, sondern wertvolle Informationsquellen über den Stand der

Technik. In Blogs finden sich zudem Hinweise auf Themen, über die gerade noch nachgedacht wird.

Innovative Kunden Unter den Kunden eines Unternehmens sind häufig auch sehr innovative und vorausschauende. Sie beschäftigen sich mit der Entwicklung von Technologien und Märkten und mit zukünftigen Entwicklungen. In einem Workshop kann man dieses Wissen für sich nutzbar machen. Diese Kunden bringen sich gerne ein, denn sie haben einen Nutzen davon, wenn unser Unternehmen besser wird.

Innovative Zulieferer Zulieferer beliefern viele Unternehmen und kennen daher die sich verändernden Anforderungen. Zudem müssen sie ihr eigenes Leistungsportfolio stetig weiterentwickeln um wettbewerbsfähig zu sein. Sie sind über brancheninterne aber auch marktübergreifenden Technologietrends oft gut im Bilde.

Messebesuche Messen dienen nicht vorrangig der Verkaufsförderung, sondern sind *der* Branchenmarktplatz für neuste Informationen, auch über aktuelle technologische Entwicklungen. Da alle relevanten Marktteilnehmer vertreten sind, kann man gut eine vergleichende Einschätzung vornehmen.

Open Innovation ist die Öffnung des Innovationsprozesses von Unternehmen und die strategische Nutzung der Außenwelt zur Vergrößerung des eigenen Innovationspotenzials. Kunden, Lieferanten und andere Partner können wertvolle Hinweise auf neue technologische Entwicklungen geben. Gezielte Befragungen oder halbtägige Innovationsworkshops erschließen diese Informationen.

Interne Informationsquellen Im eigenen Unternehmen stecken mehr Informationen als man vermutet. Der Vertrieb kennt die technologischen Trends bei den Kunden und Wettbewerbern, das Marketing hat Informationen über zukünftige Kundenbedarfe und die Entwicklungsabteilung ist über technische Neuerungen auf dem Laufenden. Das systematische Zusammentragen dieser Informationen schafft eine erste Basis für zukünftige Technologiebewertungen.

Wissens- und Innovationsnetzwerke In vielen Branchen haben sich Wissens- und Innovationsnetzwerke aus Unternehmen, Wissensträgern und Verbänden gegründet. Ziele sind oft das Generieren von neuem Wissen für die Branche und das Anstoßen von Innovationen. Bringen Sie sich in diese Netzwerke ein.

Egal welche Quellen und Kanäle zur Informationsbeschaffung genutzt werden, wichtig ist, dass die Informationsaufnahme und -auswertung **systematisch und kontinuierlich** geschieht. Expertenwissen in den Köpfen Einzelner hilft nicht weiter. Hierzu ist es erforderlich, die jeweiligen **Suchfelder** zu Beginn klar zu definieren. Die Informationsbedarfe liegen dabei auf drei verschiedenen Ebenen[2]:

Qualitätsebene (Wie?) Anforderung an die Güte der Informationen: Zeitpunkt (Wie frühzeitig?) – Informationsgehalt (Wie präzise?) – Validität (Wie sicher?) – Exklusivität (Wie exklusiv?)

Zweckebene (Warum?) Wozu die Information benötigt wird: Bestimmung des technologischen Potenzials, des Marktpotentials, der Transferierbarkeit in ein anderes Technologiefeld, der Disposition von Produktionsressourcen oder der Konformität mit gesellschaftlich-politischen Entwicklungen?

Objektebene (Wo & Wonach?) Die inhaltliche Dimension der zu beschaffenden Information und die Festlegung der Suchfelder: Kompetenzen und technische Möglichkeiten, Funktionalitäten bestehender Anwendungen, Investitions- und Anlagegüter, Trends.

Suchfelder können dabei mithilfe der Portfolioanalyse (vgl. Kap. 5) oder mit Technologiebäumen eingegrenzt werden (vgl. Kap. 7).

---

[2]Vgl. Wellensiek et al. (2011, S. 99).

Kann man Technologieprognosen trauen?

Technologiemanagement befasst sich häufig mit zukünftigen Entwicklungen, neuen Technologien und deren Verwendung in zukünftigen Produkten und Dienstleistungen. Neben der Analyse der aktuellen Situation kommt daher solchen Methoden und Instrumenten eine besondere Bedeutung zu, die verlässlich und belastbar Prognosen über zukünftige Entwicklungen liefern. Zwei Methoden der Zukunftsprognose haben sich als besonders praktikabel und handhabbar herauskristallisiert.

Die **Delphie-Methode** ist eine strukturierte, konvergierende Expertenbefragung. Sie wurde ursprünglich für langfristige technologische Vorhersagen entwickelt. Fachleute werden dabei in aufeinanderfolgenden Runden mehrfach befragt bis die Aussagen konvergieren. Die Fachleute können damit auf die Einschätzung der Kollegen reagieren.

Die Bezeichnung Delphi-Technik geht auf das Orakel im Tempel des Apollos in Delphi zurück. Die Hohe Priesterin Pytha saß dort der Sage nach über einer Erdspalte, aus der berauschende Dämpfe aufstiegen, die sie in eine Art Trance versetzten. Ihre Prophezeiungen waren so vage, dass die Ratsuchenden beim ersten Mal noch keine befriedigende Antwort erhielten. Sie gingen nach Hause, dachten über die Antwort nach und begaben sich anschließend erneut zum Orakel. Dies wiederholte sich. Nach und nach konkretisierte und schärfte sich die Antwort – oder besser gesagt, die Interpretation der vom Orakle gegebenen Antworten.

Selbstverständlich wird die Delphi-Methode heute ohne den Einsatz berauschender Dämpfe durchgeführt. Entscheidendes Charakteristikum ist aber das Hin-und-Her von Frage und Antwort. Befragt wird allerdings kein Orakel sondern eine Gruppe von Experten oder Wissenschaftlern. Die Delphi-Methodik beruht auf der Annahme, dass Experten in ihrem Fachgebiet besonders fundierte Prognosen über

J. Gochermann, *Technologiemanagement,* essentials, https://doi.org/10.1007/978-3-658-28799-3_9

zukünftige Entwicklungen abgeben können. In der Regel bilden 20 bis 50 Experten, die sich untereinander nicht abstimmen dürfen, ein Delphi-Panel.

Den Experten wird ein zuvor klar definiertes Prognose-Problem genannt, beispielsweise *„Welchen Entwicklungsgrad hat die Wasserstofftechnologie im Kraftfahrzeugbereich in 10 Jahren?"*, auf das sie schriftlich antworten müssen. Neben einer Frage können den Experten auch Thesen vorgelegt werden, die sie kommentieren müssen. Diese Antworten und Kommentare werden dann hinsichtlich ihrer Richtung und Konsistenz ausgewertet und zu einer oder mehreren Trendantworten zusammengefasst. Diese Einschätzung wird an die Experten zurückgespielt mit der Bitte, diese zu kommentieren, zu präzisieren oder zu erweitern. Die zurückkommenden Antworten werden wieder geclustert, zu Trendantworten zusammengefasst und wiederum den Experten zugespielt. Dies geschieht solange – in der Regel etwa drei Mal – bis die Antworten konvergieren. Man hat erhält somit eine auf Expertenbasis gestützte recht sichere Einschätzung des Zukunftszustandes. Manchmal bilden sich auch zwei divergierenden Konvergenzen heraus, aber auch dann erkennt man zwei relativ klare mögliche Zukunftszustände.

Der Ablauf einer Delphi-Prognose geschieht in der Regel nach folgendem Schema:

1. Auswahl eines Prognoseproblems
2. Auswahl von Experten zur Bearbeitung des Problems
3. Schriftliche Befragung der Teilnehmer
4. Sammlung und Auswertung der Antworten
5. Rückgabe der Ergebnisse an die Experten mit der Bitte um Kommentierung der individuellen Antworten im Vergleich zu den Gruppenergebnissen
6. Mitteilung der Kommentare an alle Experten
7. Erneute Befragungsrund gemäß Punkt 3–7 bis
8. Konvergenz ⇒ Stopp!

Die Vorteile der Delphi-Methode sind:

• Universell einsatzbar
• Großer Zeithorizont: Interessant für die Prognose von Technologiefeldern und technologischen Entwicklungen
• Ortsungebunden und zeitlich flexibel
• Zeitnaher Informationsaustausch über das Internet
• Gut kombinierbar mit anderen Methoden (Szenario-Technik, Roadmaping …)
• Überschaubarer Aufwand.

Die Delphi-Methodik, oft auch als Delphi-Studie bezeichnet, lässt sich sehr gut für klar eingegrenzte Fragestellungen in der Technologieentwicklung einsetzen. Sie wird in der Regel durch ein Delphi-Team organisiert und durchgeführt.

Für komplexere Zukunftsfragen eignet sich die **Szenario-Technik.** Sie kann mitunter allerdings sehr aufwendig sein, was sie nicht zu einem alltäglichen Instrument macht. Gleichwohl ist sie ein hervorragendes Planungs- und Kontrollinstrument für zukünftige Entwicklungen. Der typische Zeithorizont für die Szenario-Bildung ist 10 bis 15 Jahre.

Mit dem Begriff „Szenario" verbinden viele lediglich die Extrema „Best-case Szenario" und „Worst-case Szenario". Diese bilden jedoch nur die äußeren Begrenzungen des Szenario-Trichters (siehe Abb. 9.1). Viel entscheidender ist es jedoch herauszufinden, welche möglichen Zukunftszustände dazwischen mit welcher Wahrscheinlichkeit in dem Betrachtungshorizont eintreten werden.

Das Besondere der Szenariotechnik ist, dass nicht einfach nur verschiedene Zukunftsbilder entwickelt werden. Diese Zukunftsbilder werden aus konsistenten kausalen Zusammenhängen konstruiert. Man kennt am Ende nicht nur den wahrscheinlichen zukünftigen Zustand, sondern auch *den Weg dorthin.* Dies eröffnet

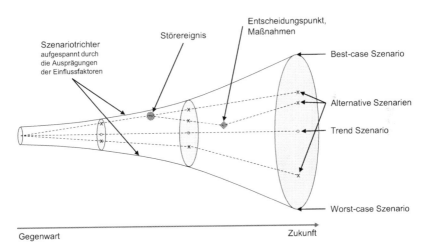

Abb. 9.1 Szenario-Trichter. (In Anlehnung an Geschka und Hammer 2005, S. 468; Nee 2017)

die Möglichkeit im Laufe der Zeit zu kontrollieren, ob man sich auf dem prognostizierten Weg befindet oder ob es Abweichungen gibt. Haben sich Randparameter verändert? Sind Ereignisse eingetreten, die man so nicht erwartet hatte (Störereignisse, siehe Abb. 9.1)? Da man den prognostizierten Weg kennt und Abweichungen wahrnehmen kann, sind Korrekturen und Änderungen möglich.

Um diese „planbare" Zukunft zu konstruieren, geht die Szenario-Technik stark ins Detail. Die Szenarien werden aus der jetzigen Situation heraus systematisch entwickelt. Dazu identifiziert man zunächst alle möglichen Einflussfaktoren, die das Zukunftsbild beeinflussen. Diese Einflussfaktoren entstammen in der Regel fünf verschiedenen Bereichen: gesamtwirtschaftlich, technologisch-wissenschaftlich, ökologisch-natürlich, gesellschaftlich und rechtlich-politisch (vgl. Abb. 9.2).

Die Ermittlung der Einflussfaktoren führt man am besten im Rahmen eines Workshops durch, an dem Beteiligte aus unterschiedlichen Fachgebieten bzw. Unternehmensbereichen teilnehmen. Ziel ist zwar eine möglichst vollständige Auflistung aller Einflussfaktoren zu generieren. Wichtig ist allerdings, dass man keinen den wesentlichen Faktoren übersieht. Je nach Breite der Fragestellung kommen dann schon mal zwischen 40 und 150 Einflussfaktoren zusammen. Diese Faktoren haben jedoch unterschiedlich starken Einfluss auf die Entwicklung, manche sind vernachlässigbar, andere prägen die Entwicklung deutlich.

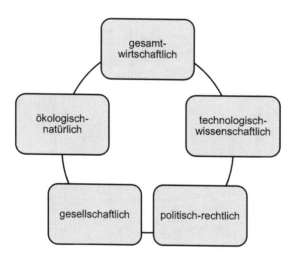

Abb. 9.2 Umwelteinflüsse auf die Schlüsselfaktoren der Szenario-Bildung. (Eigene Darstellung)

Der nächste Schritt der Szenario-Technik besteht darin, die wesentliche Faktoren, die **Schlüsselfaktoren,** zu identifizieren. In der Regel findet man zwischen 10 und 20 Faktoren, die eine starke Beeinflussung des Zukunftsbildes vornehmen. Im folgenden Schritt wird nun versucht, die zukünftige Entwicklung dieser Schüsselfaktoren vorherzusagen. Welche technologischen Entwicklungen wird es geben? Wie verändert sich die Gesellschaft? Welche möglichen Pfade könnte die Gesetzgebung nehmen? Was passiert bei einem Regierungswechsel? Und so weiter. Diese Vorhersage kann mit erheblichem Rechercheaufwand verbunden sein, was die Szenario-Technik so aufwendig macht. In der Regel findet man für jeden Schlüsselfaktor zwei bis fünf mögliche Entwicklungspfade, denen im folgenden Wahrscheinlichkeiten zugeordnet werden. Bei 10 bis 20 Schlüsselfaktoren und zwei bis fünf möglichen Entwicklungspfaden ergeben sich – auch wenn man manche Kombinationen aus Plausibilitätsgründen ausschließen kann – mehrere Hundert mögliche Szenarien. Klar, das wahrscheinlichste Szenario ergibt sich aus den Entwicklungen der Schlüsselfaktoren mit den höchsten Wahrscheinlichkeiten, der unwahrscheinlichste Fall aus denen mit den geringsten. Die anderen realistischen Szenarien zu entwickeln ist jedoch ziemlich komplex. Um die erforderliche Konsistenzmatrix aufzustellen und um die Szenarien zu berechnen, gibt es inzwischen jedoch sehr leistungsfähige Software.

Aber noch einmal zurück zum Kern der Szenario-Technik. Es geht nicht darum, mit möglichst hoher Genauigkeit *den* wahrscheinlichsten Zukunftszustand zu beschreiben. Da man für die wichtigsten Einflussfaktoren, die Schlüsselfaktoren, die möglichen Entwicklungen anhand von Recherchen abgeleitet und daraus die Szenarien entwickelt hat, kann man nun sehr genau überprüfen ob der Weg weiter beschritten wird, welche Gründe es für Abweichungen gibt und wie man daraufhin reagieren kann.

Wann welche Technologie für welchen Zweck benötigt wird und wann sie eingesetzt werden soll, ergibt sich aus der **Technologiestrategie**. Sie ist Teil der Innovationsstrategie und diese wiederum Teil der Unternehmensstrategie. Ohne klar formulierte unternehmens- und Innovationsziele lässt sich keine belastbare Technologiestrategie entwickeln (vgl. auch Abb. 10.1).

Technologieauswahl Legt fest, welche aktuellen und zukünftigen Technologien in der Technologiestrategie behandelt werden. Dies betrifft sowohl bereits verwendete, als auch noch nicht genutzte, aber existierende Technologien, aber auch völlig neu zu entwickelnde.

Technologische Leistungsfähigkeit Wie nahe soll am Stand der Technik agiert werden? Will ich **Technologieführer** sein oder mich lieber auf Normalleistungsniveau bewegen. Achtung: **Stand der Technik** heißt nicht, „das was üblich" ist, sondern beschreibt „das was gerade durch Forschung und Entwicklung technisch möglich geworden ist", also die vorderste Front der Technologieentwicklung.

Technologiequellen Woher beziehe ich die Technologie und das zugehörige Know-how? Führe ich eine Eigenentwicklung durch und habe ich dafür die Ressourcen? Oder beschaffe ich die Technologie extern? Möglichkeiten hierfür sind Entwicklungsaufträge an Forschungs- und Entwicklungseinrichtungen, Kooperationsprojekte mit Unternehmen und Instituten aber auch der Kauf von Technologien oder der Erwerb von Lizenzen (siehe auch Kap. 6).

Technologietiming Die Zeitplanung für den Einsatz neuer Technologien beschreibt sowohl die Entwicklungsphase (Inventionstiming), als auch den Zeitpunkt des

© Springer Fachmedien Wiesbaden GmbH, ein Teil von Springer Nature 2020
J. Gochermann, *Technologiemanagement*, essentials,
https://doi.org/10.1007/978-3-658-28799-3_10

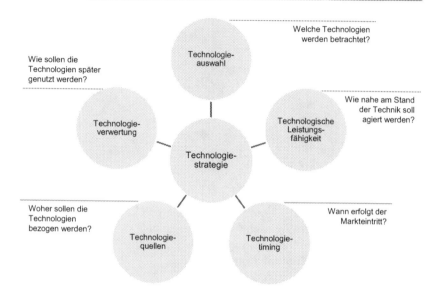

Abb. 10.1   Die verschiedenen Dimensionen einer Technologiestrategie. (In Anlehnung an Schulte-Gehrmann et al. in Schuh und Klappert 2011, S. 67/68)

Markteintritts (Innovationstiming). **Technologiepioniere** entwickeln neue Technologien als erste und führen diese auch als Technologieführer in den Markt ein. **Technologiefolger** nutzen die Pioniertechnologie zu einem späteren Zeitpunkt und versuchen die bisherigen Erfahrungen mit der Technologie möglichst optimal zu nutzen.

Technologieverwertung Die von mir verwendeten Technologien kreieren in meinen Produkten und Dienstleistungen Nutzen für den Anwender. Kann ich das technologische Wissen und das beschaffte Know-how auch zur weiteren Erwirtschaftung von Erlösen einsetzen? In welche anderen Leistungen meines Unternehmens kann die Technologie integriert werden? Kann ich zusammen mit strategischen Partnern oder in Netzwerken breitere Potenziale erschließen? Oder können Lizenzen zur Nutzung meiner Technologie vergeben werden?

Um den Entwicklungsbedarf richtig einschätzen zu können, muss der derzeitige Entwicklungsstand hinreichen genau bekannt sein. Eine in der FuE-Welt inzwischen verbreitete Skala ist die der sogenannten **TRL – Technology Readiness Levels.** Diese wurde ursprünglich von der US-amerikanischen Weltraumbehörde

NASA entwickelt, um deren Weltraumtechnologien zu bewerten und die Zeit bis zur Marktreife abzuschätzen. Die TRL beschreiben den jeweiligen **Reifegrad** einer in der Entwicklung befindlichen Technologie. Sie sind inzwischen zum Standard auch zur Bewertung anderer Zukunftstechnologien geworden. Die Europäische Kommission hat sie beispielsweise als Einstufung des Entwicklungszustandes von Technologien in Förderprogrammen festgelegt (vgl. Tab. 10.1):

Diese Einstufungen sind praxisnah und trennen die einzelnen Entwicklungsstufen gut voneinander ab. Es ist in der Tat ein Unterschied, ob die Technologie nur im Labor getestet wurde (TRL 3), unter relevanten Anwendungsbedingungen funktioniert (TRL 4) oder bereits im tatsächlichen Anwendungsfeld die gewünschte Leistung erbringt (TRL 5).

Um die zukünftige Entwicklung zu planen und um festzulegen wann welche Technologie in welcher Form vorliegen sollte, kann man sich verschiedener Methoden bedienen. Die **Szenariotechnik** beschreibt zukünftige Zustände und den Weg dorthin anhand von Schlüsselfaktoren. In einer **Delphi-Studie** werden Fachleute in aufeinanderfolgenden Runden immer mehrfach befragt, bis sich kongruierende Meinungen herausbilden (vgl. auch Kap. 9). Wenn man das Zukunftsbild gefunden hat, kann man rückwärts die Zeitpunkte festlegen, wann welche Technologien benötigt werden und wie lang die Entwicklungszeiträume hierfür sein dürfen. Dies geschieht zumeist mithilfe einer **Technologie-Roadmap.**

Eine Technologie-Roadmap ist eine Analogie zu einer Straßenkarte. Sie dient der Visualisierung von Objekten und Wegen, von Abhängigkeiten und

Tab. 10.1 Technology Readiness Levels (TRL) der Europäischen Kommission. (European Commission (2017), Annex G)

TRL 1	Funktionsprinzip bekannt
TRL 2	Technologiekonzept formuliert
TRL 3	Konzeptioneller Beweis experimental erbracht
TRL 4	Technologie im Labor validiert
TRL 5	Technologie im relevanten Umfeld validiert (industriell relevantes Umfeld bei Schlüsseltechnologien)
TRL 6	Technologie im relevanten Umfeld demonstriert (industriell relevantes Umfeld bei Schlüsseltechnologien)
TRL 7	Systemprototyp in der Anwendungsumgebung eingesetzt
TRL 8	System vollständig entwickelt und qualifiziert
TRL 9	System hat sich in der Anwendungsumgebung bewährt (wettbewerbsfähige Fertigung bei Schlüsseltechnologien)

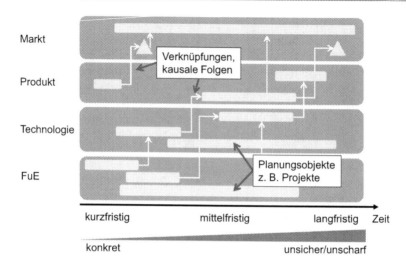

Abb. 10.2 Grundstruktur einer integrierten Technologie-Roadmap mit vier Planungsebenen. (In Anlehnung an EIMRA 1997; Schuh et al. 2011; Nee 2017)

Kausalitäten, von Objekten die auf dem Wege liegen und gibt Maße für den Aufwand und die Zeit um bestimmte Ziele zu erreichen. Die Roadmap unterstützt den am Steuer sitzenden Manager dabei, sein unternehmerisches Gefährt zielgerichtet durch unbekanntes Terrain zu steuern[1].

Das Technologie-Roadmapping hat sich als Planungs- und Visualisierungsmethode in weiten Teilen der Industrie als Standard etabliert. Die European Industrial Research Management Association (EIMRA) hat eine Grundstruktur für eine Road vorgeschlagen (siehe Abb. 10.2), die den meisten der zahlreichen Roadmapping-Varianten zugrunde liegt[2].

Eine Technologie-Roadmap wird grundsätzlich rückwärts entwickelt und aufgebaut. Mithilfe der Marktforschung oder der Nutzung von Prognosetechniken (vgl. Kap. 9) werden zunächst zukünftige Markt- und Kundenperspektiven ermittelt und festgelegt, wann das Unternehmen mit einer bestimmten Leistung im Markt sein will. Die Marktentwicklungen, inklusive zu erwartender Gesetzesänderungen oder Veränderungen in den Kundenanforderungen, werden im zeitlichen Ablauf im obersten Block „Markt" dargestellt. Daraus ergibt sich,

---

[1]Möhrle und Isenmann (2017), Schuh et al. (2011).
[2]EIMRA (1997).

wann das Unternehmen mit der Entwicklung entsprechenden Leistungen fertig sein muss oder will (Block „Produkt"). Im Block „Technologie" wird nun rückwärts ermittelt, wann welche Technologieentwicklung angestoßen und abgeschlossen sein muss und wann andere benötigte Technologien zu Verfügung stehen müssen, damit man mit den Produkten und Dienstleistungen rechtzeitig im Markt ist. Benötigt man neues Wissen, neue Materialien oder neue Verfahren, so werden auch Aktivitäten im Block „FuE – Forschung und Entwicklung" erforderlich sein.

Aus den Planungen mit einer Technologie-Roadmap lässt sich dann auch ablesen, wann welche Aktivitäten parallelisiert werden müssen und wie viel Aufwand erforderlich wird. Hierauf baut nicht nur die notwendige Projektplanung auf, sondern auch die Ressourcenplanung.

Was Sie aus diesem *essential* mitnehmen können

- Die Bedeutung der relevanten Technologien im Unternehmen kann eingeschätzt werden.
- Der Technologienutzen ist messbar und beeinflussbar.
- Technologien haben unterschiedliche Bedeutung in den jeweiligen Lebenszyklus-Phasen.
- Konkurrenztechnologien können frühzeitig erkannt und bewertet werden.
- Technologien können strategisch im Unternehmen eingesetzt werden.
- Technologiemanagement ist wichtig für ein erfolgreiches Innovations- und Produktmanagement.

© Springer Fachmedien Wiesbaden GmbH, ein Teil von Springer Nature 2020   51
J. Gochermann, *Technologiemanagement,* essentials,
https://doi.org/10.1007/978-3-658-28799-3

Literatur

Die beschriebenen Inhalte und die gezeigten Abbildung basieren auf der Vorlesung „Technologiemanagement" des Autors an der Hochschule Osnabrück. Die Vorlesung stützt sich auf vielfältige und sich immer weiterentwickelnde Literaturgrundlagen sowie auf die Erkenntnisse aus eigenen Forschungsvorhaben, Unternehmensprojekten und Untersuchungen.

Grundlegende Elemente des Technologiemanagements werden in den folgenden *Büchern* beschrieben

Albers, S., & Grassmann, O. (2005). *Handbuch Technologie- und Innovationsmanagement.* Wiesbaden: Gabler.

Amelingmeyer, J., & Harland, P. E. (Hrsg.). (2005). *Technologie und Marketing.* Wiesbaden: Gabler.

Gerpott, T. J. (2005). *Strategisches Technologie- und Innovationsmanagement* (2. Aufl.). Stuttgart: Schäffer-Poeschel.

Gochermann, J. (2004). *Kundenorientierte Produktentwicklung – Marketingwissen für Ingenieure und Entwickler.* Weinheim: Wiley VCH.

Laube, T., & Abele, T. (2006). *Technologie-Roadmap.* Stuttgart: Fraunhofer IRB.

Schuh, G., & Klappert, S. (2011). *Technologiemanagement, Handbuch Produktion und Management 2.* Berlin: Springer.

Spath, D., Linder, C., & Seidensticker, S. (2011). *Technologiemanagement – Grundlagen, Konzepte, Methoden.* Stuttgart: Fraunhofer.

Wördenweber, B., & Wickord, W. (2008). *Technologie- und Innovationsmanagement im Unternehmen* (3. Aufl.). Berlin: Springer.

Zahn, E. (1995). *Handbuch Technologiemanagement.* Stuttgart: Schäffer-Poeschel.

© Springer Fachmedien Wiesbaden GmbH, ein Teil von Springer Nature 2020
J. Gochermann, *Technologiemanagement,* essentials,
https://doi.org/10.1007/978-3-658-28799-3

Darüber hinaus zitierte *Publikationen*

European Industrial Research Management Association (EIMRA). (1997). *Technology roadmapping; Delivering business vision. Working Group 52 Report.* Paris: European Industrial Research Management Association (EIMRA).

European Commission. (2017). Horizon 2020, Work Programme 2016-2017, Annex G. https://ec.europa.eu/research/participants/data/ref/h2020/other/wp/2016-2017/annexes/h2020-wp1617-annex-ga_en.pdf. Zugegriffen: 15. Sept. 2019.

Foster, R. N. (1986). *Innovation. Die technologische Offensive.* Wiesbaden: Gabler.

Geschka, H., & Hammer, R. (2005). Die Szenario-Technik in der strategischen Unternehmensplanung. In D. Hahn & B. Taylor (Hrsg.), *Strategische Unternehmungsplanung – Strategische Unternehmungsführung. Stand und Entwicklungstendenzen* (S. 464–489). Berlin: Springer.

Haag, C., Schuh, G., & Kreysa, J. (2011). Technologiebewertung. In G. Schuh & S. Klappert (Hrsg.), *Technologiemanagement, Handbuch Produktion und Management 2* (S. 309 ff.). Berlin: Springer.

Krubrasik, E. (1982). Technologie: Strategische Waffe. *Wirtschaftswoche, 36*(25), 28–33.

Möhrle, M. G., & Isenmann, R. (2017). Grundlagen des Technologie-Roadmappings. In M. G. Möhrle & R. Isenmann (Hrsg.), *Technologie-Roadmapping, Zukunftsstrategien für Technologieunternehmen* (4. Aufl., S. 1–15). Berlin: Springer.

Nee, I. (2017). *Technologieplanung, im Rahmen der Vorlesung Technologiemanagement, Hochschule Osnabrück.* Lingen: Campus.

Pfeiffer, W., Metze, G., Schneider, W., & Amler, R. (1991). *Technologie-Portfolio zum Management strategischer Zukunftsgeschäftsfelder* (6. Aufl.). Göttingen: Vandenhoeck & Ruprecht (1. Aufl. 1982).

Schuh, G., Klappert, S., & Orilski, S. (2011). Technologieplanung. In G. Schuh & S. Klappert (Hrsg.), *Technologiemanagement, Handbuch Produktion und Management 2* (S. 55 ff.). Berlin: Springer.

Schulte-Gehrmann, A.-L., Klappert, S., Schuh, G., & Hoppe, M. (2011). Technologiestrategie. In G. Schuh & S. Klappert (Hrsg.), *Technologiemanagement, Handbuch Produktion und Management 2* (S. 55 ff.). Berlin: Springer.

Seibert, S. (1998). *Technisches Management.* Stuttgart: Teubner.

Wellensiek, M., Schuh, G., Hacker, P. A., & Saxler, J. (2011). Technologiefrüherkennung. In G. Schuh & S. Klappert (Hrsg.), *Technologiemanagement, Handbuch Produktion und Management 2* (S. 89 ff.). Berlin: Springer.

Printed in the United States
By Bookmasters